Gymnasium Bayern

À plus! 2
Nouvelle édition

Meine Grammatik
zum Selberschreiben

Cornelsen

À plus! 2 *Nouvelle édition* **Gymnasium Bayern**
Meine Grammatik zum Selberschreiben

Im Auftrag des Verlages erarbeitet von:
Walpurga Herzog

und der Redaktion Französisch
Fidisoa R.-Freytag, Christoph Haschka

Umschlaggestaltung: werkstatt für gebrauchsgrafik, Berlin
Layoutkonzept: Rotraud Biem, Berlin
Layout und technische Umsetzung: graphitecture book & edition
Illustrationen: Yayo Kawamura, Laurent Lalo (Umschlagseite; mehrarmiger Außerirdischer; Schlagzeug S. 15; Kleidung S. 22; Wasserglas S. 25; Verneinungsburger S. 33, 39, 40; Eier S. 38; Tennisschläger S. 40)

www.cornelsen.de

1. Auflage, 1. Druck 2019

Alle Drucke dieser Auflage sind inhaltlich unverändert
und können im Unterricht nebeneinander verwendet werden.

Druck: AZ Druck und Datentechnik GmbH, Kempten

ISBN 978-3-06-122186-7

PEFC
PEFC/04-31-2260

PEFC zertifiziert
Dieses Produkt stammt aus nachhaltig bewirtschafteten Wäldern und kontrollierten Quellen.
www.pefc.de

Grammaire

Salut! Wie bei ***À plus!* 1** kannst du mit deiner **Grammatik** zum Selberschreiben
– nach und nach Grammatik sammeln
– und außerdem überprüfen, was du schon kannst.

››› Dieses Heft ist deine ganz persönliche Grammatik zum Selberschreiben.
Hier ergänzt du
– Konjugationsmuster der regelmäßigen und unregelmäßigen Verben,
– Tabellen und Regeln zu den wichtigsten Grammatikthemen von ***À plus!* 2**.

Immer wenn du ein neues Grammatikthema kennengelernt hast, suchst du dir in diesem Heft die passende Seite heraus und füllst sie aus.

Am Ende des Schuljahres hast du ein Nachschlagewerk, an dem du selbst mitgearbeitet hast. Du trennst die Seiten deiner eigenen Grammatik heraus und heftest sie ab. So kannst du auch im nächsten Schuljahr immer hier nachschlagen, wenn du mal etwas vergessen hast.

Alles klar? Dann können wir ja loslegen.
Viel Spaß mit deiner Grammatik zum Selberschreiben!
Alle **Lösungen** findest du auf
www.cornelsen.de/codes
Gib folgenden Webcode ein: **tuyibu**

Grammaire

>>> Hier findest du eine Übersicht über die Verben, die in *À plus!* **2** vorkommen. Ergänze die Tabellen mit den richtigen Verbformen. Die Lösungen findest du auf www.cornelsen.de/codes.
Gib folgenden Webcode ein: tuyibu

Die regelmäßigen Verben auf -er

présent

	jouer (spielen) [Unité 1]
je	jou-e
tu	jou-es
il/elle/on	jou-e
nous	jou-ons
vous	jou-ez
ils/elles	jou-ent

Die regelmäßigen Verben auf *-er* **ohne Besonderheit** werden gleich konjugiert.

impératif

	Joue!
	______!
	______!

passé composé

j'	ai joué

imparfait

je	jouais

! Die folgenden Verben auf *-er* haben jeweils eine Besonderheit.

présent

	ranger (aufräumen) [Unité 2]
je	______
tu	______
il/elle/on	______
nous	____e____
vous	______
ils/elles	______

ebenso:

______ (korrigieren) [Module 2]

______ (herunterladen) [Unité 3]

impératif

	______!
	____e____!
	______!

passé composé

j'	ai ______

imparfait

je	____e____

présent

	envoyer (schicken) [Unité 3]
j'	________i__
tu	________i____
il/elle/on	________i__
nous	________________
vous	______________
ils/elles	________i______

ebenso:

____________________ (probieren) [Unité 3]

présent

	recommencer (wieder anfangen) [Module 5]
je	____________________
tu	______________________
il/elle/on	____________________
nous	_________________ç______
vous	______________________
ils/elles	________________________

ebenso:

____________________ (bedrohen) [Unité 5]

____________________ (verraten) [Unité 5]

impératif

________i___!
________________!
______________!

impératif

____________________!
_________________ç______!
______________________!

passé composé

j'	a i
	____________

passé composé

j'	a i
	____________________

imparfait

j'	________________

imparfait

je	_________________ç______

Das Verb *recommencer* hat eine Besonderheit in der Schreibweise. In der 1. Person Plural steht -___- statt -*c*-.

Grammaire

Die regelmäßigen Verben auf -re und -ir

présent

	-re Typ **répondre** (antworten) [Unité 2]
je	répond**s**_
tu	répond___
il/elle/on	répond
nous	répond______
vous	répond____
ils/elles	répond______

ebenso:

_______________ (hinuntergehen) [Unité 2]

_______________ (verlieren) [Unité 2]

_______________ (verkaufen) [Unité 6]

présent

	-ir Typ **partir** (wegfahren) [Unité 1]
je	par___
tu	par___
il/elle/on	par___
nous	part______
vous	part____
ils/elles	part______

ebenso:

_______________ (ausgehen) [Unité 1]

_______________ (schlafen) [Unité 2]

impératif

	Répond**s**_ !
	Répond______!
	Répond____!

impératif

	________!
	______________!
	____________!

passé composé

j'	____ répond___

passé composé

il	______ part___
elle	______ part____
ils	________ part____
elles	________ part______

imparfait

j'	____________________

imparfait

je	_______________

présent

	-ir Typ **agir** (handeln) [Unité 4]
j'	agi___
tu	agi___
il/elle/on	agi___
nous	agi_s_ _s_ ___ ___ ___
vous	agi_s_ _s_ ___ ___
ils/elles	agi_s_ _s_ ___ ___ ___

ebenso:

____________________ (reagieren) [Unité 4]

____________________ (beenden) [Unité 4]

____________________ (applaudieren) [Unité 4]

____________________ (gelingen) [Unité 4]

impératif

	___ ___ ___ ___!
	___ ___ ___ ___ ___ ___ ___ ___!
	___ ___ ___ ___ ___ ___ ___!

passé composé

tu	___ ___ ___ ___ ___

imparfait

j'	___ ___ ___ ___ ___ ___ ___ ___

présent

	-ir Typ **ouvrir** (öffnen) [Unité 6]
j'	ouvr___
tu	ouvr___ ___
il/elle/on	ouvr___
nous	ouvr___ ___ ___
vous	ouvr___ ___
ils/elles	ouvr___ ___ ___

ebenso:

____________________ (schenken) [Unité 6]

impératif

	___ ___ ___ ___ ___!
	___ ___ ___ ___ ___ ___ ___!
	___ ___ ___ ___ ___ ___!

passé composé

j'	___ ___ ___ ___ ___ ___ ___ ___ ___ ___ ___

imparfait

j'	___ ___ ___ ___ ___ ___ ___

Die unregelmäßigen Verben

>>> Alle Verben findest du auf S. 175 deines Schülerbuches oder gehe auf www.cornelsen.de/codes und gib foldenden Webcode ein: tuyibu

Die unregelmäßigen Verben ***aller, faire, pouvoir*** und ***vouloir*** kennst du schon! Im *passé composé* auch?

aller (gehen) → je suis all__/__

faire (machen) → tu ___ _____

pouvoir (können) → il __ ___

vouloir (wollen) → nous ______ ______

présent

venir (kommen) [Unité 1]	
je	_ i e _ _
tu	_ i e _ _
il/elle/on	_ i e _
nous	______
vous	_____
ils/elles	_ i e ______

impératif

	_____!
	______!
	_____!

passé composé

je	_____ ______/__

imparfait

je	______

présent

voir (sehen) [Unité 1]	
je	____
tu	____
il/elle/on	____
nous	_ _ y _ _ _
vous	_ _ y _ _
ils/elles	______

impératif

	____!
	______!
	_____!

passé composé

il	__ ___

imparfait

ils	________

présent

	boire (trinken) **[Module 1]**
je	__ o i __
tu	______
il/elle/on	______
nous	__ u v ______
vous	__ u v ____
ils/elles	____ v ______

impératif

	______!
	__ u v ______!
	__ u v ____!

passé composé

tu	___ ___

imparfait

elles	____________

présent

	devoir (müssen) **[Unité 2]**
je	__ o i __
tu	______
il/elle/on	______
nous	__ e v ______
vous	__ e v ____
ils/elles	____ v ______

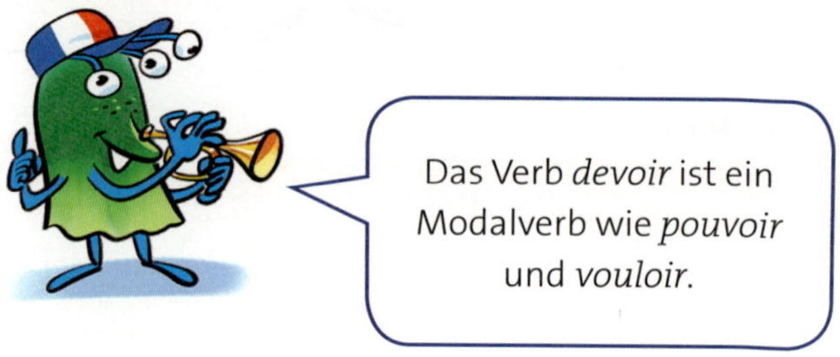

passé composé

j'	___ ___

imparfait

tu	__________

Grammaire

présent

mettre (legen) [Unité 3]	
je	___ ___ t ___
tu	___ ___ ___ ___
il/elle/on	___ ___ ___
nous	___ ___ ___ ___ ___ ___ ___
vous	___ ___ ___ ___ ___ ___
ils/elles	___ ___ ___ ___ ___ ___ ___

impératif

	___ ___ ___ ___ !
	___ ___ ___ ___ ___ ___ ___ !
	___ ___ ___ ___ ___ ___ !

passé composé

elles	___ ___ ___ ___ ___ ___

imparfait

elle	___ ___ ___ ___ ___ ___ ___

présent

savoir (wissen/können) [Unité 3]	
je	___ a i ___
tu	___ a i ___
il/elle/on	___ a i ___
nous	___ ___ ___ ___ ___ ___
vous	___ ___ ___ ___ ___
ils/elles	___ ___ ___ ___ ___ ___

impératif

	___ ___ c h ___ !
	___ ___ c h ___ ___ ___ !
	___ ___ c h ___ ___ !

passé composé

tu	___ ___ ___ ___

imparfait

nous	___ ___ ___ ___ ___ ___ ___

Unterscheide ***savoir*** = etwas machen können, weil man es gelernt hat und ___ ___ ___ ___ ___ ___ = etwas machen können, weil es möglich ist.

présent

	connaître (kennen) [Unité 4]
je	______________
tu	______________
il/elle/on	___________î__
nous	______________s_s______
vous	____________________
ils/elles	______________________

impératif

	______________!
	__________s_s______!
ils/	____________________!

passé composé

elle	__ __________

imparfait

vous	______________________

présent

	vivre (leben) [Unité 6]
je	_____s_
tu	_____s_
il/elle/on	______
nous	____________
vous	__________
ils/elles	____________

impératif

	_____s_!
	____________!
	__________!

passé composé

tu	___ ________

imparfait

nous	______________

Das *-î-* des Infinitivs *connaître* wird nur in der 3. Person Singular beibehalten.

Grammaire

Die reflexiven Verben im Präsens [Unité 6]

s'amuser (sich amüsieren) [Unité 6]		
je	**m'**	amuse
tu	___'	____________
il/elle/on	___'	__________
nous	________	______________
vous	________	____________
ils/elles	___'	______________

impératif

__________-toi

______________-nous

____________-________

se baigner (baden) [Unité 6]		
je	**me**	baigne
tu	____	______________
il/elle/on	____	____________
nous	________	________________
vous	________	______________
ils/elles	____	________________

impératif

____________-______

________________-________

______________-vous

Vor reflexiven Verben steht immer ein ______________________________.

Vor Verben, die mit einem Vokal oder einem stummen *h*- beginnen, werden die Reflexivpronomen *me, te, se* zu *m', t', s'* verkürzt.

Tu __ne__ te baignes __jamais__ quand il fait froid.
= Du badest nie, wenn es kalt ist.

Les joueurs ____ ___' ______________________ _______ le dimanche.
= Sonntags trainieren die Spieler nicht.

In einem verneinten Satz umschließt die Verneinungsklammer das Reflexivpronomen und das Verb.

Les enfants ____ ______________ ______ ____ _______________.
= Die Kinder wollen nicht spazieren gehen.

Le prof __ne__ va __pas__ s'énerver.
= Der Lehrer wird sich nicht aufregen.

Nach Modalverben (*devoir, pouvoir, vouloir, savoir*) und im *futur proche* stehen reflexive Verben im Infinitiv. Das Reflexivpronomen steht vor dem Infinitiv.

! Einem französischen reflexiven Verb entspricht nicht immer ein deutsches reflexives Verb.

Vergleiche:

se retrouver
= sich treffen

____ ________________
= sich beeilen

____ ________________ (de)
= sich erinnern (an)

____ ________________ (à qc)
= sich vorbereiten (auf etw.)

se baigner
= ■ baden

___'_____________
= ■ heißen

____ _____________
= ■ geschehen

____ __________
= ■ aufstehen

Grammaire

››› Ergänze die Lücken. Die Lösungen findest du auf www.cornelsen.de/codes.
Gib folgenden code ein: tuyibu

Jouer au / à l' / à la / aux [Unité 1]

Selma: Jouer ____ volley sur la plage? C'est mon truc!

Anthony: Mon copain et moi jouons souvent ______ jeux vidéo.

Jouer à verwendest du vor Ballsportarten und Spielen.

Jouer du / de l' / de la / des [Unité 1]

Magalie: Ma sœur et moi, nous jouons ____ piano ensemble!

Alex: Je joue ____ __'accordéon.

Julien: Je joue ____ ____ guitare pour moi et pour mes amis.

Léa: Je voudrais jouer ______ percussions.

Jouer de verwendest du vor Musikinstrumenten.

Das unbestimmte Adjektiv tout [Unité 4]

______ ___ temps	die **ganze** Zeit
______ ____ joueurs	**alle** Spieler
________ ___ vie	das **ganze** Leben
__________ ____ filles	**alle** Mädchen

Das unbestimmte Adjektiv ***tout*** wird in Genus und Numerus an das ________ angeglichen, vor dem es steht. Das *-t* der maskulinen Singularform fällt im Plural weg (***tout*** → ***tous***). Beide Formen werden gleich ausgesprochen.

tout **mon** temps — **meine** __________ Zeit

toute **la** journée — **den** ____________ Tag

tous **mes** buts — _______ **meine** Tore

tous **ces** matchs — _______ **diese** Spiele

Die Singularformen ***tout/toute*** übersetzt du mit „ganze", die Pluralformen ***tous/toutes*** mit „alle". Nach ***tout*** steht ein Begleiter (der bestimmte Artikel, ein Possessivbegleiter, ein Demonstrativbegleiter), der ebenfalls in Genus und Numerus an das nachfolgende __________ angeglichen wird.

_______ _____ jours — **jeden** Tag

tous les samedis — **jeden** Samstag

___________ _____ les semaines — **jede** Woche

Tous/Toutes wird nicht immer mit „alle" übersetzt, sondern z. B. auch mit „________/__".

Die indirekten Objektpronomen me, te, lui, nous, vous, leur [Unité 5]

Nous t'avons apporté un cadeau.

direktes Objekt	indirektes Objekt
Elles trouvent **la solution**.	Un élève parle **au surveillant**.
Elles ____ trouvent.	Un élève ______ parle.
direktes Objektpronomen	indirektes Objektpronomen

Du weißt schon, dass es in einem Satz direkte und indirekte Objekte geben kann. Direkte und indirekte Objekte können durch Pronomen ersetzt werden. Direkte Objekte ersetzt du durch ein ____________________ Objektpronomen (z. B. ***le***/***la***), indirekte Objekte ersetzt du durch ein ________________________ Objektpronomen (z. B. ***lui***/***leur***).

Ma copine m e	dit tout.	= Meine Freundin sagt **mir** alles.
Il ___'	envoie des textos.	= Er schickt **mir** SMS.
Je ____	raconte une histoire.	= Ich erzähle **dir** eine Geschichte.
Le copain de Bilal ______	montre une B. D.	= Bilals Freund zeigt **ihm** einen Comic.
Les copains de Lisa ______	donnent un CD.	= Lisas Freunde geben **ihr** eine CD.
Notre prof ________	donne les devoirs.	= Unser Lehrer gibt **uns** die Hausaufgaben.
Je ________	explique l'exercice.	= Ich erkläre **euch** die Übung.
Elle ________	dit tout.	= Sie sagt **ihnen** alles.

Die indirekten Objektpronomen stehen immer vor dem Verb. Sie unterscheiden sich nur in der 3. Person Singular (***lui***) und der 3. Person Plural (***leur***) von den direkten Objektpronomen.
Vor einem Verb, das mit Vokal oder stummem ***-h*** beginnt, werden ***me*** und ***te*** zu ***m'*** und ***t'*** verkürzt.

indirektes Personenobjekt mit ***à***

Lisa envoie un texto **à sa copine**.

Lisa ______ envoie un texto.
indirektes Objektpronomen

indirektes Personenobjekt mit ***à***

Les surveillants parlent **aux profs**.

Ils ________ parlent.
indirektes Objektpronomen

Mit den indirekten Objektpronomen ***me***, ***te***, ***lui***, ***nous***, ***vous***, ***leur*** kannst du nur Personenobjekte ersetzen, die mit der Präposition ***à*** an das Verb angeschlossen werden (= ***à qn***).

– Est-ce que le prof parle **aux élèves**?

– Non, il n e l e u r parle p a s.
Nein, er spricht nicht mit ihnen.

– Est-ce que Bilal **te** montre sa B. D.?

– Non, il ____ ____ montre ______ sa B. D.
Nein, er zeigt mir seinen Comic nicht.

– La prof **t'a** parlé?

– Non, elle ____ ___'a ______ parlé.
Nein, sie hat mit mir nicht gesprochen.

Die Verneinungsklammer schließt das indirekte Objektpronomen mit ein.

– Est-ce que tu vas lui téléphoner.

– Oui, je vais ______ téléphoner.
Ja, ich werde mit ihm/ihr telefonieren.

– Tu peux m'envoyer un texto?

– Oui, bien sûr! Je peux ___'envoyer un texto.
Ja, sicher! Ich kann dir eine SMS schicken.

Im *futur composé* und in Sätzen mit Modalverben steht das indirekte Objektpronomen vor dem Infinitiv.

Verben mit indirekten Personalpronomen (Ergänzung mit *à*):

parler ___ qn	mit jdm sprechen
________________ ___ qn	jdm antworten
____________________ ___ qn	jdn anrufen
____________ qc ___ qn	jdm etw. geben
______________ qc ___ qn	jdm etw. anvertrauen
________________ qc ___ qn	jdn etw. fragen
________ qc ___ qn	jdm etw. sagen

Grammaire

Die Pronomen im Überblick

Verbundene Personalpronomen	Unverbundene Personalpronomen[1] [Unité 2]	Indirekte Objektpronomen [Unité 5]
je (1. Person)	m o i Moi, **je** ne vais pas à la plage. **Ich** gehe nicht an den Strand.	m e / m' Tu ____ donnes son livre? Gibst du **mir** sein Buch?
tu (2. Person)	t o i Et ______? Und **du**?	t e / t' Oui, je ____ raconte une histoire. Ja, ich erzähle **dir** eine Geschichte.
il/on[2] (3. Person Maskulinum)	______ C'est Lôc? Oui, c'est ______! Ist das Lôc? Ja, das ist **er**!	______ Il ______ dit: «Salut!» (à son frère) Er sagt **ihm**: „Hallo!" (seinem Bruder)
elle (3. Person Femininum)	________ Selma? Oui, il joue souvent avec ________. Selma? Ja, er spielt oft mit **ihr**.	______ Ils ______ donnent beaucoup de trucs! (à leur fille) Sie geben **ihr** viele Sachen! (ihrer Tochter)

Verbundene Personalpronomen	Reflexivpronomen [Unité 6]
je (1. Person)	____ / __' Je ____ baigne à 7 heures. Ich **bade** um 7 Uhr.
tu (2. Person)	____ / __' Tu ____ baignes à quelle heure? Um wie viel Uhr **badest** du?
il/on (3. Person Maskulinum)	____ / __' Il __'énerve souvent. Er regt **sich** oft auf.
elle (3. Person Femininum)	____ / __' Elle __'amuse bien. Sie amüsiert **sich** gut.

1 Die unverbundenen Personalpronomen können **alleine**, nach einer **Präposition** oder zur **Verstärkung** des Personalpronomens stehen.
2 on steht für man/wir

Die Pronomen im Überblick

Verbundene Personalpronomen	Unverbundene Personalpronomen [Unité 2]	Indirekte Objektpronomen [Unité 5]
nous (1. Person)	______ Nous, ______ ne sommes pas tombés à l'eau. **Wir** sind nicht ins Wasser gefallen.	n o u s Tu ______ réponds? Antwortest du **uns**?
vous (2. Person)	______ C'est ______, les élèves de la 5A? Seid **ihr** die Schüler der 5A?	______ Oui, je ______ parle. Ja, ich spreche mit **euch**.
ils (3. Person Maskulinum)	______ Les copains de Matéo? C'est ______! Die Freunde von Matéo? Das sind **sie**!	______ Tu ______ expliques ton travail? (**aux** enfants) Du erklärst **ihnen** deine Arbeit? (den Kindern)
elles (3. Person Femininum)	______ Mes amies? Je chante pour ______! Meine Freundinnen? Ich singe für **sie**!	______ Je ______ montre mes médailles? (**aux** copines) Ich zeige **ihnen** meine Medaillen. (den Freundinnen)

Verbundene Personalpronomen	Reflexivpronomen [Unité 6]
nous (1. Person)	______ Nous ne ______ retrouvons pas souvent. Wir treffen **uns** nicht oft.
vous (2. Person)	______ Vous ______ baignez? Badet **ihr**?
ils (3. Person Maskulinum)	____ / __' Ils ____ baignent à 6 heures. Sie baden um 6 Uhr.
elles (3. Person Femininum)	s e / s' Carine et Sandra __'amusent bien. Carine und Sandra amüsieren **sich** gut.

Grammaire

Vor- und nachgestellte Adjektive [Unité 1]

Voilà des cafés s y m p a. = Hier sind nette Cafés.

C'est une place c é l è b r e. = Das ist ein berühmter Platz.

Im Französischen stehen die meisten Adjektive hinter dem Nomen.
Vergleiche: *un quartier* ***tranquille*** *= ein* ***ruhiges*** *Viertel*

jolie/e — À Montpellier, il y a des __________ cafés. = In Montpellier gibt es schöne Cafés.

petit/e — Il y a aussi des ______________ rues. = Es gibt auch kleine Straßen.

grand/e — Voilà une ____________ place. = Hier ist ein großer Platz.

bon/ne — Là, on trouve une __________ boulangerie. = Da findet man eine gute Bäckerei.

Nur eine kleine Gruppe von Adjektiven steht ______ dem Nomen.

Die Adjektive beau und nouveau [Unité 3]

	maskulin	feminin
Einzahl (Singular)	un b e a u musée = ein schönes Museum un _____ endroit = ein schöner Ort	une ________ ville/idée = eine schöne Stadt/Idee
	un n o u v e a u sport = ein neuer Sport un __________ instrument = ein neues Instrument	une ________ classe/idée = eine neue Klasse/Idee
Mehrzahl (Plural)	des ________ musées = schöne Museen des b e a u x endroits = schöne Orte	des __________ villes/idées = schöne Städte/Ideen
	des n o u v e a u x sports = neue Sportarten des _____________ instruments = neue Instrumente	des ______________ classes/idées = neue Klassen/Ideen

Die Adjektive *beau* und *nouveau* haben im Singular zwei maskuline Formen:
- *beau* und *nouveau* stehen vor maskulinen Nomen im Singular, die mit einem Konsonanten beginnen.
- *bel* und *nouvel* stehen vor maskulinen Nomen im Singular, die mit einem __________ oder einem stummen *h-* beginnen.

Vor femininem Nomen im Singular steht immer *belle* bzw. *nouvelle*.

Farbadjektive [Module 4]

	le pantalon 	les vêtements 	la robe 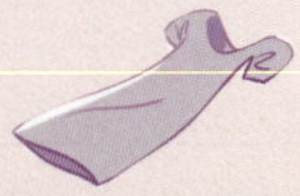	les baskets 
⬜ (weiß)	b l a n c	b l a n c s	b l a n c h e	b l a n c h e s
(gelb)	______	______	______	______
! (orange)	______	______	______	______
(rot)	______	______	______	______
(rosa)	______	______	______	______
(blau)	______	______	______	______
(grün)	______	______	______	______
(grau)	______	______	______	______
! (braun)	______	______	______	______
(schwarz)	______	______	______	______

Im Französischen stehen die Farbadjektive ______
dem Nomen → *le pull* ***vert*** *= der* ***grüne*** *Pulli*
Das Farbadjektiv gleichst du dem Nomen an.

marron und *orange* sind aber unveränderlich!

Der Komparativ des Adjektivs [Unité 3]

Félicie est ______ grande ___'Alexane. — Félicie ist **größer als** Alexane.

Fabien est ________ grand _____ Léo. — Fabien ist **genauso groß wie** Léo.

Félicie est ________ grande _____ Fabien. — Félicie ist **weniger groß als** Fabien.

+ ....
= .... **+ Adjektiv +** .... **= Komparativ des Adjektivs**
– ....

Das Adjektiv gleichst du dem Nomen an.

Fabien est ______________ en anglais _____ Félicie.
Fabien ist **besser** in Englisch **als** Félicie.

Félicie est ________________ en français _____ sa copine Marie.
Félicie ist **besser** in Französisch **als** ihre Freundin Marie.

Elle est _________ _________ en anglais _____ sa copine Marie.
Sie ist **genauso gut** in Englisch **wie** ihre Freundin Marie.

Mais elle est _________ _________ en anglais _____ son frère Fabien.
Aber sie ist **weniger gut** in Englisch **als** ihr Bruder Fabien.

Der Komparativ von	bon/bonne bons/bonnes	(gut)	=	meilleur/meilleure que meilleurs/meilleures que	(besser als)

Der Superlativ des Adjektivs [Unité 3]

On ne va pas visiter les endroits les plus touristiques.

Les endroits _____ ________ ____________________ sont aussi intéressants.
Die am wenigsten touristischen Orte sind auch interessant.

Pour moi, les matières _____ ______ ______________________ sont les SVT et le français?
Für mich sind die interessantesten Schulfächer Biologie und Französisch.

Pour Nora, _____ ______ __________ baskets sont rouges et blanches.
=
Pour Nora, les baskets _____ ______ __________ sont rouges et blanches.
Für Nora sind die schönsten Turnschuhe rot und weiß.

le / la / les + plus / moins + Adjektiv + Nomen = Superlativ des Adjektivs

Die Adjektive *grand, petit, joli, beau, nouveau* können im Superlativ vor oder hinter dem Nomen stehen. Wenn du den Superlativ hinter das Nomen stellst, ist das immer richtig.

Qui est ___ ____________ chanteur?
Wer ist der beste Sänger?

Qui est ___ ______________ sportive?
Wer ist die beste Sportlerin?

Qui sont ____ ______________ sportifs?
Wer sind die besten Sportler?

Der Superlativ von bon/bonne, bons/bonnes (gut) = le meilleur/la meilleure (der, die, das beste), les meilleurs/les meilleures (die besten)

Die Adjektive auf -eux [Unité 5]

	maskulin	feminin
Einzahl (Singular)	un garçon c o u r a g e u x = ein mutiger Junge Bilal est ______________. = Bilal ist mutig.	une fille ________________ = ein mutiges Mädchen Lisa est ________________. = Lisa ist mutig.
Mehrzahl (Plural)	Bilal et ses copains sont ______________. = Bilal und seine Freunde sind mutig.	Lisa et ses copines sont ________________. = Lisa und ihre Freundinnen sind mutig.

ebenso:

heureux .... = glücklich
.... = gefährlich
.... = unglücklich
.... = beschämend

Die Adjektive auf *-eux* haben nur eine maskuline Form im Singular und Plural.

Im Singular enden die femininen Formen auf: -______

Im Plural enden die femininen Formen auf: -_______

Grammaire

Der Teilungsartikel [Unité 4]

Nomen	Teilungsartikel **On achète ...** Wir kaufen ...
männlich	**d u** sucre ■ Zucker 
weiblich	___ ___ farine ■ Mehl 
mit *h* oder mit **einem Vokal** am Anfang	___ _’ eau ■ Wasser 
im Plural	____ citrons ■ Zitronen 

Im Französischen verwendest du den Teilungsartikel, wenn du nur eine unbestimmte Menge angibst.

de + le → ___

de + la → ___ ___

de + l’ → ___ _’

de + les → ____

Im Deutschen gibt es __________ Teilungsartikel. Wo im Französischen der Teilungsartikel vor einem Nomen steht, steht im Deutschen das Nomen alleine.

On achète aussi **quatre œufs!** = Wir kaufen auch **vier Eier**!

Nach Zahlwörtern steht weder ein Teilungsartikel noch ein *de*.

! Merke:

J’aime **les** fruits, mais je **n’**aime **pas les** oranges.

Ich mag ■ Früchte aber **keine** Orangen.

aimer + bestimmter Artikel

ne pas aimer + bestimmter Artikel

Teilungsartikel

– Tu achètes _d_ _u_ coca?

– On a __ __ __'eau minérale?

– Tu as encore __ __ __ __ moutarde?

– Vous avez apporté __ __ __ chips?

Mengenangabe

– Oui, j'achète **une bouteille de** coca.

– Oui, on a **cinq bouteilles d'**eau minérale.

– Non, je n'ai **plus de** moutarde.

– Oui, nous avons apporté **beaucoup de** chips.

Unterscheide Mengenangaben und Teilungsartikel: Wenn du __ __ __ __ __ bestimmte Menge angibst, verwendest du den Teilungsartikel (= ***de*** + bestimmter Artikel). Wenn du __ __ __ __ bestimmte Menge vor einem Nomen angibst, verwendest du nur ***de***.

Das Pronomen en [Module 6]

direktes Objekt

– Est-ce que tu prends la figurine?

– Est-ce que tu prends ce CD?

direktes Objektpronomen

– Non, je ne __ __ prends pas.

– Oui, je __ __ prends. Il est super.

Du weißt schon, dass du direkte Objekte durch direkte Objektpronomen (z. B. ***le/la***) ersetzen kannst.

1. – Tu as **des frères et sœurs**?
   – Non, je n'_e_ _n_ ai pas.
   ..., ich habe keine.

2. – Tu as **des biscuits**?
   – Oui, tu __ __ veux?
   ..., willst du welche (davon)?

3. – Est-ce que tu as **un animal**?
   – Non, je n'__ __ ai jamais eu.
   ..., ich habe nie eins gehabt.

4. – Est-ce qu'il va faire **de la guitare**?
   – Oui, il va __ __ faire.
   ..., er wird Gitarre spielen.

5. – On peut faire **du théâtre** au collège?
   – Oui, on peut __ __ faire.
   ..., das kann man machen.

Grammaire

Steht vor dem direkten Objekt ein unbestimmter Artikel (***un***, ***une***, ***des***), ein zusammengezogener Artikel oder Teilungsartikel (***de la***, ***du***, ***de l'***), dann ersetzt du das direkte Objekt mit dem Pronomen ***en***. Wie die Objektpronomen steht ***en*** in Sätzen im *présent* und im *passé composé* immer vor dem gebeugten ______ und innerhalb der Verneinungsklammer (Beispiele 1, 2, 3). In Sätzen im *futur proche* oder mit Modalverb steht ***en*** vor dem ____________ (Beispiele 4, 5). ***En*** kann sehr unterschiedlich ins Deutsche übersetzt werden, z. B. mit „davon" oder „welche". Im verneinten Satz wird es meist mit „kein/e/es" übersetzt.

– Est-ce qu'on peut emprunter **des bédés**?

– Tu peux ____ emprunter **deux** par semaine.
Du kannst zwei pro Woche ausleihen.

– Est-ce qu'on a **des devoirs**?

– Oui, on ____ a **beaucoup**.
Ja, wir haben viele.

Zusätzlich zu ***en*** kannst du Zahlwörter und Mengenangaben verwenden. In diesen Fällen übersetzt du ***en*** nicht ins Deutsche.

Je n'e n peux plus.
Ich kann nicht mehr.

J'____ ai assez.
Ich habe es satt. / Es reicht mir.

Ne t'____ fais pas.
Mach' dir nichts draus.

Im Französischen wird ***en*** sehr oft verwendet. Merke dir deshalb diese häufigen Sätze mit ***en***.

Das Relativpronomen où [Unité 1]

Marseille, c'est l'endroit ____ elle passe ses vacances. ..., wo sie ihre Ferien verbringt.

On va au Polygone ____ il y a toujours beaucoup de monde ..., wo immer viele Leute sind.

Mit dem Relativpronomen ***où*** kannst du in einem Nebensatz nähere Angaben zu einem Ort machen. Auf ***où*** folgt das __________ des Relativsatzes.

Das Relativpronomen qui [Unité 1]

Voilà le prof _____ aide l'élève. ... der Lehrer, der ...

Zoé, c'est la fille _____ aime faire du shopping. ... das Mädchen, das ...

Bilal retrouve ses copains _____ habitent à Carnon. ... seine Freunde, die ...

Voilà des filles _____ ont faim et soif. ... Mädchen, die ...

Mit dem Relativpronomen ***qui*** kannst du nähere Angaben zu Personen oder Sachen machen.

qui ist immer das ____________ des Relativsatzes. Auf *qui* folgt immer ein _______.

Grammaire

Das Relativpronomen que/qu' [Unité 1]

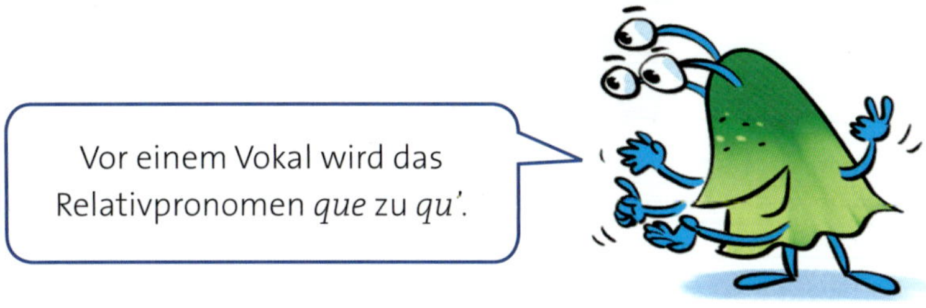

Le rugby, c'est un sport ____ Lilou aime bien.	... eine Sportart, die ...
La ville ____ nous visitons est super.	... die Stadt, die ...
Les cafés ___'on préfère sont dans la vieille ville.	... die Cafés, die ...
J'aime les expositions ____ le musée Fabre propose.	... die Ausstellungen, die ...

Mit dem Relativpronomen ***que*** kannst du nähere Angaben zu Personen oder Sachen machen.

Que ist immer das direkte Objekt des Relativsatzes. Auf *que* folgt das ____________ des Relativsatzes.

Das passé composé mit avoir und être [Unité 2]

>>> **Bilde das *passé composé* in den folgenden Sätzen. Schreibe jedes Mal die deutsche Übersetzung darunter. Die Lösungen findest du auf www.cornelsen.de/codes. Gib folgenden Webcode ein: tuyibu**

J'ai apporté mon bateau.

Ich **habe** mein Boot **mitgebracht**.

Tu ___ rêv__.

Du ....

Il __ prépar__ le repas.

Er **hat** das Essen **vorbereitet**.

Elle __ regard__ les étoiles.

Sie ....

....

On __ appel__ nos grands-parents.

Wir ....

Je suis allé/allée à la plage.

Ich **bin** an den Strand **gegangen**.

Tu ___ arrivé / ée à la plage.

Du ....

Il ____ mont__ dans le bateau.

Er **ist** ins Boot **eingestiegen**.

Elle ____ rest___ sur la plage.

Sie ....

....

On ____ part___ loin.

Wir ....

Nous ________ regard__ la télé.

Wir **haben ferngesehen**.

Nous __________ all___ au ciné.

Wir **sind** ins Kino **gegangen**.

Vous ______ aid__ les jeunes.

Ihr ……………………………………………

……………………………………………

Vous ______ tomb___ à l'eau.

Ihr ……………………………………………

……………………………………………

Ils ____ oubli__ les biscuits.

Sie ……………………………………………

……………………………………………

Ils ______ mont ___ dans le bateau.

Sie ……………………………………………

……………………………………………

Elles ____ demand__ leur chemin.

Sie ……………………………………………

……………………………………………

Elles ______ rentr____ en retard.

Sie ……………………………………………

……………………………………………

Mit dem *passé composé* drückst du aus, dass eine Handlung in der

____________________ stattgefunden hat.

Präsensform von …………… bzw. …………… + Partizip Perfekt = passé composé

Im Französischen bilden die meisten Verben das *passé composé* mit dem Hilfsverb *avoir*.

J'ai été en ville. = Ich …………………… in der Stadt …………………… .

Il __ _____ à Montpellier. = Er ist in Montpellier gewesen.

Beachte: Auch *être* bildet das *passé composé* mit dem Hilfsverb *avoir*.

Im Französischen bilden nur wenige Verben das *passé composé* mit dem Hilfsverb *être*.

Grammaire

Einige Verben kennst du bereits aus **À plus! 1**:

ankommen = ...

bleiben = ...

gehen = ...

(nach Hause) gehen = ...

zurückkehren = ...

(ins Auto) einsteigen = ... (dans la voiture)

[Unité 1]

Hier ist eine Übersicht über die Verben, die das *passé composé* mit dem Hilfsverb *être* bilden.

kommen = ...

hinausgehen = ...

wegfahren = ...

[Unité 2]

hinfallen = ...

hinuntergehen = ...

hineingehen = ...

Bilal est allé à Carnon. = ...

Zoé est rest __ __ à Montpellier. = ...

Bei einem Verb, das das *passé composé* mit dem Hilfsverb *être* bildet, wird das Partizip Perfekt

dem __ __ __ __ __ __ __ __ angeglichen.

Endungen des Partizips Perfekt

	maskulin	feminin
Einzahl (Singular)	__	-e
Mehrzahl (Plural)	-__	-__ __

Die Bildung des Partizips der regelmäßigen Verben [Unité 2 bis Unité 6]

>>> Trage hier das Partizip Perfekt nach jeder Unité ein. Du findest sie in den ▶ *Repères* zu der jeweiligen Unité oder in der Liste ab S. 175.

Verben auf *-er*

[Unité 2] travailler → travaillé .... (gearbeitet)

manger → .... (gegessen)

appeler → .... (gerufen)

jouer → .... (gespielt)

terminer → .... (beendet)

rentrer → .... (nach Hause gegangen)

Verben auf *-dre*

[Unité 2] attendre → .... (gewartet)

descendre → .... (hinabgestiegen)

entendre → .... (gehört)

perdre → .... (verloren)

répondre → .... (geantwortet)

[Unité 6] vendre → .... (verkauft)

Verben auf *-ir* (Typ *sortir*)

[Unité 2] sortir → .... (ausgegangen)

partir → .... (weggefahren, weggegangen)

dormir → .... (geschlafen)

Verben auf *-ir* (Typ *ouvrir*)

[Unité 6] ouvrir → .... (geöffnet)

offrir → .... (geschenkt)

Grammaire

Die Bildung des Partizips der unregelmäßigen Verben [Unité 2 bis Unité 6]

››› Trage hier das Partizip Perfekt nach jeder Unité ein. Du findest sie in den ▶ *Repères* zu der jeweiligen Unité oder in der Liste ab S. 175.

! unregelmäßige Verben

[Unité 2] boire → ....
(getrunken)

avoir → **eu**
(gehabt)

être → ....
(gewesen)

faire → ....
(gemacht)

vouloir → ....
(gewollt)

pouvoir → ....
(gekonnt)

devoir → ....
(gemusst)

prendre → ....
(genommen)

comprendre → ....
(verstanden)

venir → ....
(gekommen)

voir → ....
(gesehen)

dire → ....
(gesagt)

lire → ....
(gelesen)

écrire → ....
(geschrieben)

[Unité 4] connaître → ....
(gekannt)

Die Verneinung beim passé composé [Unité 2]

Les jeunes **n e** sont **p a s** allés à la plage. = Die Jugendlichen sind **nicht** an den Strand gegangen.

Mathilde __'est ___ montée dans le bateau. = Mathilde ist **nicht** ins Boot eingestiegen.

Selma __'a ___ voulu. = Selma hat **nicht** gewollt.

ne/n'... pas stehen beim *passé composé* vor und hinter der konjugierten Form von *avoir* oder *être*. Das Partizip Perfekt kommt ans Ende.

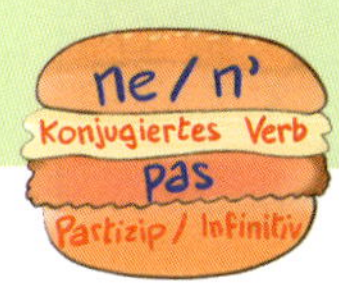

Das imparfait [Module 7]

	parler
je	___
tu	___
il/elle/on	___
nous	parl___
vous	___
ils/elles	___

	finir
je	___
tu	___
il/elle/on	___
nous	finiss___
vous	___
ils/elles	___

	attendre
j'	___
tu	___
il/elle/on	___
nous	attend___
vous	___
ils/elles	___

	avoir
j'	___
tu	___
il/elle/on	___
nous	av___
vous	___
ils/elles	___

Du bildest das ***imparfait*** mit dem Stamm der 1. Person Plural Präsens (*nous*-Form). An diesen Stamm hängst du die ***imparfait***-Endung (*-ais*, *-ais*, *-ait*, *-ions*, *-iez*, *-aient*) an.

! Beachte:

être → *j'ét**ais**, tu ét ___, il/elle/on ét ___, nous ___,*
vous ___, ils/elles ___
manger *(nous mang**e**ons)* → je mang**e**___, tu ___, …
commencer *(nous commen**ç**ons)* → *je commen**ç**___,*
tu ___, …

Grammaire

Il y __________ 3000 habitants. — Es gab 3000 Einwohner/innen.

On ________________ beaucoup de pain. — Man aß viel Brot.

Quand j'__________ petit, nous habitions ici. — Als ich klein war, wohnten wir hier.

Mit dem ***imparfait*** beschreibst du, wie es früher war, z. B. Gewohnheiten und Handlungen, die sich in der Vergangenheit häufig wiederholt haben. Das ***imparfait*** antwortet auf die Frage: „Wie war es damals?", „Was hat man damals immer gemacht?", „Was geschah häufig oder regelmäßig?"

Der Gebrauch von passé composé und imparfait [Unité 6]

Wenn du von Ereignissen berichtest, die in der Vergangenheit stattgefunden haben, wechseln sich ***passé*** __________ und ______________ in deinem Text ab.

Jede Zeitform hat dabei bestimmte Funktionen.

imparfait (Wie war es?)

Joan **avait** faim.

Du erzählst die **Hintergrundhandlung**, eine **Gewohnheit**:

Comme souvent, Joan __________ (avoir) faim.

Du **beschreibst** eine Person, ein Objekt, eine Situation:

Les gens ne ______________ (pouvoir) pas danser parce que les musiciens n'__________ (être) pas à l'heure.

Isabelle _______ (être) furieuse. Elle ne __________ pas (vouloir) épouser cet homme.

passé composé (Was ist passiert?)

Alors, il **a parlé** á un homme.

Du erzählst eine **neu einsetzende Handlung**:

Alors, il ______________ (demander) de l'argent à un homme.

Mehrere angeschlossene Handlungen folgen aufeinander (**Handlungskette**):

Joan ________ (parler) à son oiseau et à ce moment-là, des musiciens ______ ____________ (arriver). Puis, le marié _______ (faire) une proposition à Joan.

Nach folgenden **Signalwörtern** steht häufig

das ____________:

autrefois
(comme) souvent
d'habitude
toujours
tous les jours/matins/soirs
le lundi / le mardi / ...

Nach folgenden **Signalwörtern** steht häufig

das _____ _________:

alors
à ce moment-là / tout à coup
d'abord / ensuite / après / puis
à huit heures
un jour / une fois / mardi dernier
une heure après

Der Imperativ: bejaht und verneint [Unité 5]

	bejaht	verneint
Du **duzt eine Person** und forderst sie auf, etwas zu tun / nicht zu tun:	Mang**e** ici! **Iss** hier!	Ne **m a n g e** pas ici! **Iss nicht** hier!
Du forderst **dich und andere** auf, etwas zu tun / nicht zu tun:	All____ au parc! **Gehen wir** in den Park!	N'_________ _________ à ton anniversaire! **Lasst uns keinen** zu deinem Geburtstag einladen!
Du forderst **mehrere Personen** auf, etwas zu tun / etwas nie zu tun:	Ouvr___ vos livres! **Öffnet / Öffnen Sie** eure/Ihre Bücher!	___ donn___ ________ votre adresse! **Gebt / Geben Sie niemals** eure/Ihre Adresse her!
Du **siezt eine Person** und forderst sie auf, etwas zu tun / nichts zu tun:	Attend___, Madame! **Warten Sie**, Madame!	___ fait___ _____! **Macht / Machen Sie nichts**!

Ne + Imperativ + pas / plus / jamais / rien = Verneinter Imperativ

! Beachte: Zwei Verben haben unregelmäßige Imperativformen:

_______: Aie. Ayons. Ayez.

_____: Sois. Soyons. Soyez.

Der imperativ mit Pronomen [Unité 5]

bejaht		verneint
Écoutez-**moi**.		Ne __'écoutez pas.
Promène-**toi**.		Ne ____ promène pas.
Appelle-____.	(= ton copain)	Ne **l'**appelle pas.
Regardons-____.	(= la photo)	Ne **la** regardons pas.
Écris-______.	(= à ta copine)	Ne lui écris pas.
Écoutez-**nous**.		Ne ______ ___________ pas.
Baignez-**vous**.		___ ______ ___________ _____.
Entraînez-______.		___ vous _____________ _____.
Lis-_____.	(= les livres)	Ne les lis pas.
Réponds-**leur**.	(= à tes professeurs)	___ ______ ___________ _____.

Ist der Imperativ mit Pronomen bejaht, steht das Pronomen ______ dem Imperativ und wird mit einem Bindestrich an den Imperativ angeschlossen. Anstelle der Pronomen ***me*** und ***te*** verwendest du dann die betonten Formen _____ und _____.

Ne + Pronomen + Imperativ **pas / plus / jamais / rien** **= Verneinter Imperativ mit Pronomen**

Ist der Imperativ mit Pronomen verneint, ist die Reihenfolge von Imperativ und Pronomen die gleiche wie in einem Aussagesatz: Das Pronomen steht _____ dem Imperativ. Du verwendest dann wieder die Pronomen ***me***, ***te***. Vor einem Imperativ, der mit Vokal oder stummem ***-h*** beginnt, werden ***me***, ***te***, ***le***/***la*** zu __', __', __'/__' verkürzt.

Il faut + Infinitiv [Unité 3] / Il faut + Nomen [Unité 4]

Il faut + Infinitiv [Unité 3]	*Il faut* + Nomen [Unité 4]
Il faut ________________. Man muss / Wir müssen **arbeiten**.	Il faut _____ ________ pour la tarte au riz. Man braucht **Eier** für den Milchreiskuchen.

Il faut + Infinitiv =

man .... / wir ....

Il faut + Nomen =

man .... / wir ....

Die indirekte Rede [Unité 4]

Mit ..il.. / ..../ ..qu'.. kannst du wiedergeben, was jemand gesagt hat.

Die indirekte Frage [Unité 4]

Mit ..il.. / ....si.. kannst du wiedergeben, was jemand gefragt hat.

! ~~si + il~~	= s'il	si + elle	= si elle
~~si + ils~~	= s'ils	si + elles	= si elles
		si + on	= si on

Grammaire

direkte Rede/Frage	indirekte Rede/Frage
Mara: «Je **prends mon** GPS.» Mara: «Ich **nehme mein** GPS.»	Mara dit qu'**elle prend son** GPS. Mara sagt, dass **sie ihr** GPS **nimmt**.
Mara: «Jules, tu m'attends?»	Mara ___________ ___ Jules __'__________. Mara fragt, ob Jules auf sie wartet.
Jules: «Je t'attends devant la gare.»	Jules _____ ___'___ __'__________ devant la gare. Jules sagt, dass er auf sie vor dem Bahnhof wartet.

Bei der Umwandlung von der direkten in die indirekte Rede/Frage musst du die **Pronomen**, **Verbformen** und **Begleiter** an die veränderte Redesituation anpassen.

Möglichkeiten der Verneinung – die Verneinung mit ne ... personne [Unité 5]

	présent/imparfait	passé composé	futur composé
ne/n' ... pas	Elle __'achète _____ le CD. Sie kauft **nicht** die CD.	Elle __'**a** _____ acheté le CD. Sie hat die CD **nicht** gekauft.	Elle ___ va _____ acheter le CD. Sie wird die CD **nicht** kaufen.
ne/n' ... rien	Il ___ faisait ______. Er machte **nichts**.	Il __'**a** ______ fait. Er hat **nichts** gemacht.	Il ___ va ______ faire. Er wird **nichts** machen.
ne/n' ... jamais	Elle ___ travaille _________. Sie arbeitet **nie**.	Elle __'a _________ travaillé. Sie hat **nie** gearbeitet.	Elle ___ va _________ travailler. Sie wird **nie** arbeiten.
ne/n' ... plus	Ils ___ chantaient ______. Sie sangen **nicht mehr**.	Ils __'ont ______ chanté. Sie haben **nicht mehr** gesungen.	Ils ___ vont ______ chanter. Sie werden **nicht mehr** singen.

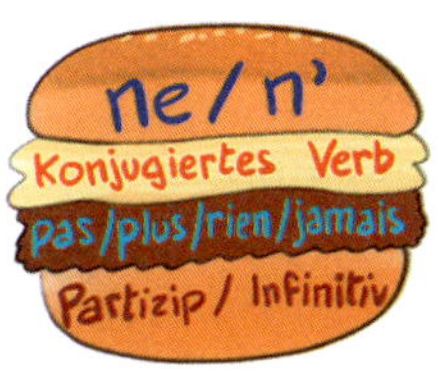

	présent	passé composé	futur composé
ne/n'... personne [Unité 5]	Il __'invite ______________. Er lädt **niemanden** ein.	Il _n_'a invité ______________. Er hat **niemanden** eingeladen.	Il ____ va inviter ______________. Er wird **niemanden** einladen.

Bei der Verneinung ***ne/n'... personne*** steht das Verneinungswort .... hinter dem Partizip Perfekt bzw. dem Infinitiv.

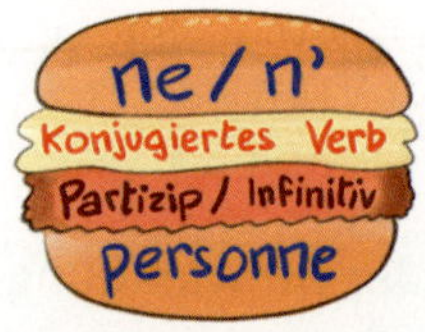

Die Frage mit Präposition + qui/quoi [Unité 6]

À _q_ _u_ _i_ est-ce que Léna pense?
An wen denkt Léna?

______ _____ est-ce que Lucas veut jouer?
Mit wem will Lucas spielen?

___ _____ est-ce que Fabio rêve?
Von wem träumt Fabio?

Mit dem Fragewort *qui* fragst du nach ____________.

.... + **qui** + **est-ce que** + **Aussagesatz** + **?** = **Fragesatz**

__ ______ est-ce que Mehdi pense?
Woran denkt Mehdi?

___ ______ est-ce que les jeunes parlent?
Wovon sprechen die Jugendlichen?

__ ______ est-ce que Sami joue?
Was spielt Sami?

Mit dem Fragewort *que* fragst du nach _________.

In Verbindung mit Präpositionen kann nur ______ (nicht ***que***) stehen.

.... + **quoi** + **est-ce que** + **Aussagesatz** + **?** = **Fragesatz**